Auch Schweine beten

Lustiges, überwiegend aus dem Tier-
reich, im Haiku-Format mit Bildern

Mein Dank geht wieder an meine Lektorin Gudrun Rehmann, die wie immer geholfen hat mit ihrer Geduld und Sachkenntnis.

Miriam Pereluk

Auch Schweine beten

Lustiges, überwiegend aus dem Tier-
reich, im Haiku-Format mit Bildern

Bibliografische Information der Deutschen Nationalbibliothek:
Die Deutsche Nationalbibliothek verzeichnet diese Publikation in der Deutschen Nationalbibliografie; detaillierte bibliografische Daten sind im Internet über http://dnb.dnb.de abrufbar.

Bilder: *www.pixabay.com*

Lektorat:
Gudrun Rehmann

Herstellung und Verlag:
BoD - Books on Demand, Norderstedt
ISBN: 9783748145318

Inhaltsverzeichnis

Für diejenigen, die es noch nicht wissen. Ein „Haiku" ist ein Dreizeiler. Er erfüllt die Bedingungen einer japanischen Gedichtform: 21 Silben verteilt auf 3 Zeilen. 5 Silben in der ersten werden gefolgt von 7 Silben in der zweiten. Wieder 5 Silben schließen das Ganze ab. Reime gibt es keine.

1: Zeile: 5 Silben
2: Zeile: 7 Silben
3: Zeile   5 Silben
            21 Silben

Ein immerwährendes Dankeschön an die Betreiber und Fotografinnen und Fotografen der Internetseite: www.pixabay.com

Dort finden Sie mehr als 1.600.000 Fotos und einige Videos (Stand: 12/2018), die jeder nutzen darf. Privat und kommerziell. Es ist kein Bildnachweis nötig.

Ja, es gibt tatsächlich noch etwas umsonst.

Ich bin oft begeistert von der Qualität und den Farben der gemachten Aufnahmen. Mit ihnen reise ich an Orte, an die ich sonst nie käme.

Es gibt Menschen, die 5.000, 10.000 und mehr als 20.000 Fotos zur Verfügung stellen. Das finde ich klasse und hilfreich.

Da ich viele Aufnahmen von Pixabay nutze, wollte auch ich etwas zurückgeben. So habe ich meine eigenen durchsucht und die besten davon ausgewählt. Sie sind dort zur allgemeinen Nutzung verfügbar.

Ich liebe es, schon morgens vor der Arbeit für ein paar Minuten am Rechner zu sitzen und die neuesten Schnappschüsse nach Brauchbarem zu durchforsten.

Wenn neue Fotos hochgeladen sind, bekomme ich automatisch eine E-Mail. So kann ich sofort feststellen, ob etwas Passendes dabei ist, und erspare mir, stundenlang Hunderte von Seiten zu durchsuchen.

Humor, Schmerzmittel ohne Nebenwirkungen

Schon vor längerer Zeit interessierte ich mich für diese Gedichtform. Allerdings fand ich keinen Zugang dazu.

Wie der Zufall es will, bekam ich im Mai 2014 auf einem Zeltlager bei einer angebotenen Arbeitsgruppe eine Einzelsitzung. Ich schrieb mein erstes eigenes Haiku.

Im Laufe der letzten Jahre bin ich eine begeisterte Haikuschreiberin geworden.

Bis Mitte 2018 verfasste ich nachdenkliche Haikus. Es fing langsam an und steigerte sich zusehends. Immerhin sind schon über 3.000 Haikus entstanden. Nur selten gelang mir ein witziger Dreizeiler.

Ab ca. Juli 2018 - warum ich das machte, weiß ich nicht mehr - fand und finde ich fast täglich lustige Bilder auf meiner Lieblingsseite: www.pixabay.com, die ich mit humorvollen Texten versehen habe.

Sehe ich ein Bild, purzeln manche Gedichte sofort aus mir heraus. Bei anderen ist es eine kleine Herausforderung, sie in „Form" zu bringen

Lachen setzt Glückshormone frei. Ich persönlich lache gerne und, wenn es geht, viel. Das beeinflusst meine geistige Verfassung und hat sogar Auswirkungen auf das Schmerzempfinden.

Ich kenne Menschen, die zum Lachen in den Keller gehen. Sie sehen oft mürrisch oder alt aus. Wenn eine solche Person lächelt, verändern sich ihre Gesichtszüge und sie sieht ganz anders aus, ausgeglichen, ruhiger und sogar schöner und jünger.

Den Humor habe ich in die Wiege gelegt bekommen. Ob das wirklich stimmt, entscheiden Sie selbst.

Wenn Sie das eine oder andere Haiku witzig fanden und dabei gelacht oder gelächelt haben, war es mir eine Ehre, Ihnen eine kleine Freude bereitet zu haben.

Hat Ihnen das Buch gefallen? Dann empfehlen Sie es bitte weiter.

Rückmeldungen oder Anregungen von Ihrer Seite sind mir willkommen.

Sollten Sie Lust auf Nachdenkliches verspüren, empfehle ich mein Buch:
Die richtige Menge,
ISBN-Nr.: 9 783 839 151266,
Preis: 8,99 €.

Sie können es in jeder Buchhandlung und über einige Internetseiten (Amazon …) bestellen.

Viel Vergnügen beim Lesen.

Obwohl ich seit vielen Jahren eine Katzenallergie habe, liebe ich diese Tiere.

Bei meiner Arbeit in einem ambulanten psychiatrischen Dienst habe ich jede Woche mit den Stubentigern Kontakt. Danach kann es passieren, dass mir stundenlang die Nase läuft oder die Augen tränen und sich rot färben.

Katzen sind unbeschreiblich
in ihren Eigenheiten,
der Gelenkigkeit,
Ticks,
Fellfarben,
Geschicklichkeiten,
Gewohnheiten,

...

Ich mach´ grad Yoga,
Kannst du das nicht erkennen?
Ich hab´s heut im Kreuz.

Ich häng´ nur so rum
Oder was soll ich hier tun?
Schau woanders hin!

Komm´ grad vom Zahnarzt:
Alles wieder in Ordnung.
Sieh, wie sie blitzen!

Ich muss ganz dringend
Wo ist denn wieder mein Klo
Gestern war es hier

Der Abend war heiß
Eine Mieze gab´s zu viel
Ich bin ganz geschafft

Schon wieder soweit?
Und plötzlich ist Weihnachten
Wie im letzten Jahr.

Was machst du denn da?
Hat dich jemand eingesperrt?
Du siehst aus wie ich.

Du kannst es glauben
Der war tatsächlich so lang
Ein riesiger Hecht

Gewöhnungsbedürftig - Nacktkatzen

Eine meiner Kolleginnen hat zwei Nacktkatzen. Im Gegensatz zu den normalen Exemplaren, die auch mal kratzen und beißen, sind diese zutraulich und verschmust.

An das besondere Aussehen gewöhnte ich mich schnell. Und das Beste an diesen Tieren: meine Nase reagierte nicht und tränende Augen gab es auch keine.

Ich bin wirklich nackt
Das ist kein Grund zum Schämen
Ich finde mich schön

Alle Haare weg
Das Fellmittel war Schuld dran
Wir werden klagen

Große Katzen

Diese „Tierchen" sind als normale Haus-katzen nicht geeignet.

Mir ist langweilig
Komm doch her und spiel mit mir
Ich fresse dich nicht

Meerkatzen

Fehlt eine Decke?
Kuschle mit deinen Freunden
Das hält dich schön warm

Ich kann nicht spielen
Trotzdem blas´ ich dir was vor
Aus ganzem Herzen

Auch Kamele, Lamas und Co. teilen etwas mit

Bei den Fotos dieser Gattung ist das Lächeln oft vorprogrammiert.

Ich schau´ eben so
Das hab´ ich von der Mama
Sagt Papa immer

Entspannen tut Not
Rennt ihr mal stundenlang rum
Da wird man müde

Blöde Kaugummis
Erst schmecken sie gut und dann
Bleiben sie kleben

„Lebt dein Frisör noch?"
Wieso fragst du mich danach?
„Schau in den Spiegel!"

Der Durchblick ist weg.
Woran könnte es liegen?
Früher hatt´ ich ihn.

Auf den Hund gekommen

Es gibt viele Rassen.

Hunde sind klein, groß und sehr aussagekräftig.

Ich denk´ grade nach
Worüber, weiß ich noch nicht
Gut Ding braucht Weile

Ich bin nicht eitel
So sehe ich besser aus
Sag Ja, sonst beiß´ ich

(Film: ET - der Außerdirdische)

ET, mein Bruder.
Wie komme ich wieder heim?
Du hast´s auch geschafft.

Ich lach´ mich kaputt -
Wo hast du den Witz nur her?
Ha, irre komisch!

Oh, das gibt Ärger
Schlammbäder sind nicht erlaubt
Nur Moorpackungen

Ich hab´ nichts gemacht
Das flog mir direkt ins Maul
Ich schwöre es dir

Ja, du siehst richtig
Mein Mensch trägt mich im Rucksack
Hat lang gedauert

Die kleine Robbe

Mann, bin ich müde!
So viel Überlebungskampf …
Geht das nicht anders?

Nicht meckern: Ziegen und Schaf

Bitte nicht stören
Es war heut sehr anstrengend
Diese blöde Brunft

Das Leben ist schön
Da hab´ ich nichts zu meckern
So soll es bleiben

Ich weiß ja selber
Ich sehe teuflisch gut aus
Bin so geboren.

Die Aussicht ist mies
Dafür ist das Futter gut
Besuch mich doch mal

Giraffen

Also ich weiß nicht,
Was ich dazu sagen soll.
Frag jemand andern.

Mir tut der Hals weh.
„An welcher Stelle schmerzt es?"
Ich weiß nicht genau.

Wer lästert hier über Hühner?

Hühner sind nicht blöd!
Wer setzt solche Gerüchte
Bloß in diese Welt?

Es strengt wirklich an
Nur auf einem Bein zu stehn
Ich hasse Yoga

Noch bin ich zu klein.
Später beiße ich alle,
Die ich erwische!

So sehe ich aus?
Ein Leben ohne Spiegel
Hat auch Vorteile.

Schildkröte

Leb´ du mal so lang
Dann siehst du auch uralt aus
Oder noch schlimmer

Waschbär

Blöde Trinkerei
Nachher diese Aussetzer
Wo bin ich denn hier?

Bärenstark

Ich mach´ mal Pause
Hab´ die ganze Nacht durchwacht
Keine Cola mehr

Sie können fliegen: Enten und Möwen

He, verfolgst du mich?
Nö, kam hier nur so vorbei.
Tolles Fahrgestell!

Was wollt ihr von mir?
Ist das der Zug nach Süden?
Haut ab, ihr Streber!

Wir fliegen echt schnell.
Überschallgeschwindigkeit
Macht heiße Füße!

Das ist ja affig

Beim Essen schlafen
Und dann auch noch auf dem Kopf
Das ist ja affig

Ich habe Muskeln!
Das Training zeigt schon Wirkung:
Bananenstemmen.

Ich kann nichts dafür -
Der Doktor sagt, ich hätte
Eine Depression.

Dickhäuter

„Ist mein Hintern dick?"
Da hab´ ich keine Augen
„Warte, ich geh´ vor"

Ich war ein Einhorn
Was ist aus mir geworden?
Eine Plattnase

Ich leb´ im Wasser und hab´ Gräten

Diese Kaugummis
Haben zu wenig Geschmack
Ich mag´s gern fruchtig

Erdmännchen und Artgenossen

Pass´ grade noch durch
Viel darf ich nicht mehr fressen
Aber es schmeckt gut

Hast du´s schon gehört
Die Elli ist fremdgegangn
Mit ´nem Erdmännchen

Pferde, die im Fluss leben

Ich fresse nur Gras.
Erzähl das jemand andrem,
Du fettes Pferd!

Ich kann nichts dafür
Ich bin schon so geboren
Die blöden Gene

Sag bloß nie wieder
Dass ich Übergewicht hab´
Ich bin ein Flusspferd

Küss mich, ich bin ein Frosch

Hey, tolle Airbags.
Damit kann ich stundenlang
Hier herumtreiben.

Kann ich mitfahren?
Aber nur, wenn du bezahlst.
Was nimmst du dafür?

Juhu, ich bin ein Uhu

Schaut nur richtig hin
Juhu, ich bin ein Uhu
Und versteck´ mich grad

Klebemittel: Uhu

Ich bin doch nicht blöd
Es gibt doch keine Uhus
In einer Tube

So viele Schweinereien

Schweinefotos gibt es auf Pixabay viele. Allein die unterschiedlichen Rassen lassen mich schmunzeln.

Schauen Sie selbst.

Wenn Schweine schweben
Lasst große Vorsicht walten
Sie sch.. im Fliegen

Hast du mich erkannt?
Ich bin es, dein Schweinehund.
Keine Sau kennt mich!

Ich jogge gerad
Das schützt vor schnellem Tode
Der Schlachter wartet

Im nächsten Leben
Werd´ ich eine Gazelle
Schön schlank und sehr schnell

Lass das lieber sein
Ich hab´ nämlich Blähungen
Da kommt grad eine

Fressen und schlafen
Das mache ich sehr gerne
Auf Frauen pfeif´ ich

An mir ist viel dran
Liebst du jedes Pfund an mir
Ist die Liebe groß

Wir sind gar keine
Zwillinge, auch wenn´s so scheint.
Nur dicke Freunde.

Die Rückenschmerzen
Sind tatsächlich verschwunden!
Wie nennst du den Trick?

Vater war Igel
Meine Mutter ein Schweinchen
Und ich bin Mischling

Die Wanne ist klein.
Wie kann so was geschehen?
Die hat mal gepasst.

Gefällt dir mein Haar?
Ich war schon zu Lebzeiten
Ein heißer Keiler

So viele Falten
Dabei bin ich noch nicht alt
Ich lass´ mich liften

Auch Schweine beten:
Ich will ja in den Himmel
Aber noch nicht jetzt

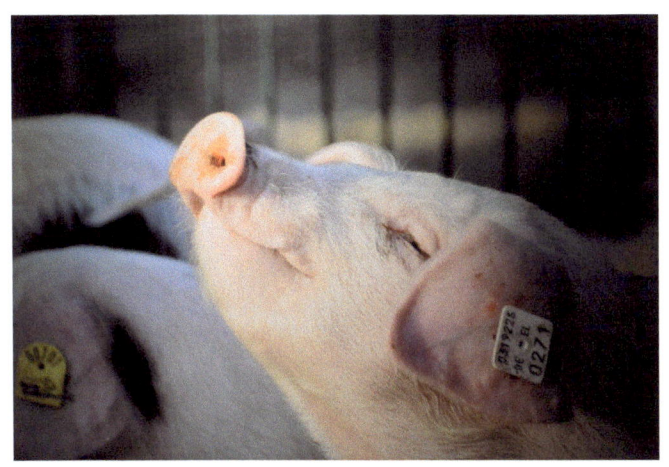

Ich singe sehr gern
Nicht nur in Dur, auch in Moll
Bis der Metzger ruft

Danke fürs Mitnehm´n.
Das mach´ ich gerne wieder.
Morgen, selbe Zeit?

Sind das auch meine?
Aber ja, wieso fragst du?
Mein Fell ist anders!

Du siehst lecker aus
Ich bin viel zu süß für dich
Lass mich noch leben

Das war mein Bruder
Er passt jetzt in die Pfanne
Wenigstens zum Teil

Wieso bist du schlank?
Hab´ mich auf Diät gesetzt
Jetzt leb´ ich länger

Kannst du noch sehen?
Nee, ich mach´ jetzt Hörspiele.
Wer braucht schon Augen!

Beim Schweinesteppen
Brauchst du tägliche Übung
Denn sonst wird das nichts

Kühe und Elche

Wo ist mein Geweih?
Diese Kleber halten nicht
Schon wieder ist´s weg

Ich sehe nichts mehr
Bin vor den Zaun gelaufen
Das hat wehgetan

Bist du auch ´ne Kuh?
Ich hab´ dich noch nie geseh´n.
Komische Hufe!

Ich brumpfe gerad
Such dir ´ne eigne Weide
Hier bin ich Platzhirsch

Küssen verboten -
Wir sind noch minderjährig.
Du schmeckst sehr klebrig.

Ich bin so traurig
Der Blitz hat mein Horn versetzt
Jetzt hängt´s verkehrt rum

Schmeckt das ekelig
Igit, fresst das doch selber
Sch… fertigfutter

Wie ist dein Name?
Ab morgen früh „Leberwurst".
Muss ich so enden?

Ich bin ein Bulle
Ganz gleich, Horn auf oder ab
Ich nehm´ dich aufs Korn

Ich bin einmalig
Man nennt mich die Grinsekuh
Kannst du auch etwas?

Ich bin Kuh-Modell
Deswegen bin ich so schlank
Hab´ ´ne Essstörung

Der neueste Schrei
Sind solche Puschelfrisurn
Die sehn echt stark aus

Ich habe kein Horn
Nicht mal ein schief sitzendes
Das sieht bekloppt aus

Regnet es gerad?
Meine Zunge zeigt nichts an
War wohl nur Spucke

Ich trag´ Ohrringe
Und auch noch zwei die gleichen
Mein Bauer ist reich

Seid ihr Sechslinge?
Das habt ihr ja gut erkannt
Fünf hier, einer da

Nicht - Tierisches

Das ist Energie
Die hätte ich auch gerne
Ich bin nämlich schlapp

Wir sind verzaubert
Küss uns, und schon werden wir
Hänsel und Gretel

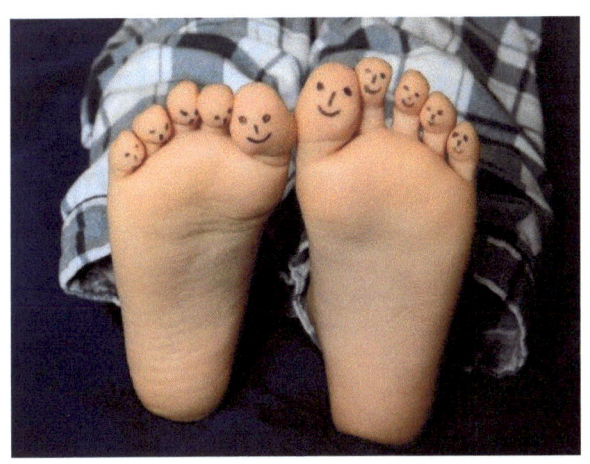

Immer nur lächeln
Warum nicht mit den Füßen?
Das vertreibt Fußpilz

Ich kann nichts dafür
Die schmutzigen Gedanken
Sind ja die deinen

Schauen Sie auf meine Internetseite: www.pereluk.de. Dort finden Sie Postkarten mit Haikus, Sprüchen und Geschichten zum Selbstausdrucken oder als Bildschirmschoner.

Sie haben Ärger oder sind unausgeglichen. Vielleicht hilft Ihnen ja eine meiner zehn Entspannungs-Alben zum Herunterladen mit vielen verschiedenen Übungen zur Aktivierung von Selbstheilungskräften, um Druck abzubauen, wieder ins Gleichgewicht zu kommen und Energie zu tanken:

- In Bewegung bringen
- Engelmassage
- Lächeln
- Lieben
- Loslassen
- Rückzugsort
- Schweben
- Inneres Wachsen
- Wolkenflug
- 2-Minuten-Übungen

130

Ihr Gedächtnis und/oder die Konzentration lassen nach. Sie finden zwei E-Books im PDF-Format zum Selbstausdrucken mit mehr als 1.600 Übungen. Einiges können Sie unterwegs ohne Papier und Stift trainieren.

Außerdem finden Sie ein Haiku-Frage- und Antwortbuch sowie die passenden 516 Haiku-Karten zum Selbstausdrucken.

Sie haben eine Frage? Die Karten antworten, oft mit einer erstaunlichen Genauigkeit.

Über Rückmeldungen und Anregungen freue ich mich.

Sollten Sie Lust auf Nachdenkliches verspüren, empfehle ich mein Buch:
Die richtige Menge,
ISBN-Nr.: 9 783 839 151266,
Preis: 8,99 €.

Einen schönen Tag noch.

Mit freundlichem Gruß
Miriam Pereluk